टेकोना के पार

(काव्य संग्रह)

भवन कुमार साह 'संगम'

PRACHI
DIGITAL PUBLICATION

Title   :   Tekona Ke Par

Author   :   Bhawan Kumar Sah "Sangam"

Edition   :   First (December, 2024)

ISBN   :   9789348332189

Published by

PRACHI
DIGITAL PUBLICATION

Regd. Add.: 254, Khuriyakhatta No. 10, Bindukhatta,
Lalkuan, Nainital - 262402, Uttarakhand, India
Website : www.prachidigital.com
E-mail : info@prachidigital.in
Phone : +91 976041 7980, +91 976041 8103

Printed by :

Manipal Technologies Limited, Bengaluru - 560001, Karnataka

अनुक्रमणिका

बस इतना ही कहना है

स्वच्छंद विचारों और उमड़ती-घुमड़ती भावनाओं को अपनी लेखनी से लिपिबद्ध कर एक संवेदनशील नवोदित युवा कवि भवन कुमार साह 'संगम' अपना पहला काव्य-संग्रह "टेकोना के पार" को लेकर हम सबों के बीच प्रस्तुत है। कवि बचपन से लेकर अबतक का जीवन ग्रामीण परिवेश में गुजारा है, जिनकी छाप उनके कविताओं में स्पष्ट रूप से दिखाई देता है।

कवि का गाँव से जुड़ा रहना ही उनका मजबूत पक्ष है। समाजिक व्यवस्था सही मायने में हमें आज भी गांवों में ही देखने को मिलता है। कवि 'संगम' की पैनी नजर समाज के हर पहलू पर पड़ी है, जिनको उन्होंने अपनी लेखनी से पंक्तिबद्ध कर कविता का रुप दिया है। आधुनिकीकरण की होड़ में लोगों का शहरों की ओर पलायन से दुखी होकर "उजड़ गया मेरा गाँव" कविता के जरिये कवि कहते हैं – "उजड़ गया मेरा सुन्दर-सा गाँव, बिगड़ गयी वहाँ की रीतियां।"

"हमारी नानी" कविता के माध्यम से कवि अपने पाठकों को बरबस पच्चीस-तीस साल पुरानी यादों में खींच कर ले जाएगा। "संगम" जी ने बड़े हीं सहज और सरल शब्दों में अपनी भावनाओं को कविता के माध्यम से व्यक्त किया है। कुछ कविताओं में कवि जैसे- "तू चल केवल चल", "समय जो रुकता नहीं" और "जीवन चक्र" में दार्शनिक रूप दीखते है तो "बदलते समाज", "दुष्टावृति" में एक चिंतक के रूप में। कवि "संगम" की लगभग सभी कविताएँ वर्तमान परिदृश्य में सटीक बैठता है। कुल मिलाकर "टेकोना के पार" काव्य-संग्रह संवेदनाओं से ओतप्रोत होने के कारण पाठकों को निश्चय हीं अपनी ओर आकर्षित करेंगे। कवि की लेखनी यूं ही सतत् गतिशील रहे इसी मंगल कामना के साथ . . . . .

बिनोद कुमार 'नैतिक'

कटिहार

संपर्क – 8292778352

लेखकीय

मैं और मेरी कविताएं..

"टेकोना के पार" मेरा प्रथम काव्य – संग्रह है..जिसमें ग्रामीण परिवेश का चित्र उकेरती कई कविताएं संकलित है। सच कहूं तो मैं इस संग्रह में अपने जीवन के दर्द..असफलता.. एवं समस्याओं.. से प्राप्त अनुभवों को लेकर आपके समक्ष उपस्थित हूं। इस काव्य-संग्रह में संकलित कविताएं सरल एवं सहज शब्दों में गूथें गए हैं। आशा करता हूं कि यह काव्य-संग्रह आपके मन को छू सकेगा। यहां प्रत्येक व्यक्ति कुछ न कुछ उद्देश्य को लेकर श्रमशील है। कोई धन..कोई विद्या..तो कोई सम्मान प्राप्त करने का उद्देश्य रखते हैं। मेरा मानना है कि.. एक इंसान अनेक क्षमताओं का स्वामी होता है। कुछ प्रयोग कर पाता है.. कुछ प्रयोग करने का साहस ही नहीं कर पाता है। जबकि 'साहस' मनुष्य के 'व्यक्तित्व' का नायक होता है।

"युवा" कविता के माध्यम से मेरा संदेश है कि.. यह अवस्था बनने और बिगड़ने की आयु है। अगर इस समय सही शिक्षा व उचित मार्गदर्शन न मिले तो युवा निर्माण के जगह पतन की ओर अग्रसर हो जाता है। 'पुस्तक' ज्ञान का भंडार होता है। आज के युवाओं का पुस्तकों के प्रति लगाव कम होना चिंता का विषय है। आज लगभग सभी पेशे से जुड़े लोग तनाव के शिकार है। जीवन के उतार–चढ़ाव को मैंने काफी गहराई से अध्ययन किया है। "उम्र", "निंदिया रानी", "समय जो रुकता नहीं", "जीवन चक्र" कविता अनेक व्यक्तियों के जीवन से मेल खाता है।

"आत्मजा", "सहचरी", "टेकोना के पार", "उजड़ गया मेरा गांव" मेरे दिल के काफी करीब है। निवेदन है आप सभी प्रबुद्ध पाठकजनों... मुझे मेरे प्रयास के लिए प्रोत्साहन–प्रसाद देते रहेंगे।

!! धन्यवाद !!

भवन कुमार साह "संगम"

प्रभु तेरा न्याय

हे ईश्वर!! तेरे न्याय पर
संदेह नहीं,, सवाल है??

बांध के एक किनारे बाढ़ का सैलाब
दूसरे किनारे सूखा का प्रकोप है।।

नगर का एक तरफ घने जंगल
दूसरी तरफ बालू का मैदान है।।

जीवन बर्फीली ठंड से ठिठुर रहा है
धरती पर बढ़ता प्रचंड ताप है।।

हे परमेश्वर!! तेरे न्याय पर
शंका नहीं,, सवाल है??

तेरे राज्य में रोटी के लिए तरसता इंसान है
रोगी, भूखे, निर्वस्त्र का भी भरमार है।।

सब कुछ पाकर विलाप करते कुछ लोग है
छप्पन भोग छोड़ करेले का जूस प्राण है।।

उपासक तन ढकने के लिए मोहताज है
कोई बदन की नुमाइश के लिए परेशान है।

हे विधाता!! तेरे न्याय पर
संदेह नहीं,, सवाल है।।

तेरे अनुपालक भक्ति में लीन है
कोई पुत्री से कोई पुत्र से दीन है।।

नर्म बिस्तर वाले गहरी नींद के लिए तरस रहे हैं
भक्त सर्द हवाओं से बचने के लिए कंबल खोज रहे हैं।।

उदर में तीव्र भूख है पर रसोई में रोटी नहीं
फल जूस पड़ा है पर काया को जरूरत नहीं।।

हे सर्वशक्तिमान!! तेरे न्याय पर
शंका नहीं,, सवाल है??

प्रभु!! क्यों ऐसी तेरी लीला है??
सभी अपने आप में आधे- अधूरा है।।

चेहरे पर संपूर्ण बनने की पीड़ा है
तेरा रचा यह खेल बड़ा निराला है।।

तेरे इस जटिल गणित पर आशंका नहीं
पर सूत्र जानने का उत्कट अभिलाषा है।।

हे परमात्मा!! तेरे न्याय पर
संदेह नहीं,, सवाल है??

***

जीवन चक्र

जीवन चक्र चलता रहेगा
यहां कोई चीज अमर नहीं।।

हर अंधेरे के बाद एक उजाला है
काली रात का भी अपना सबेरा है।
सुख-दुख आता है.. और.. जाता है
खुद का भरोसा अपना सहारा है।।

जीवन चक्र एक समान नहीं
सदा मिलता मान-सम्मान नहीं
मिट जाते है बड़े-बड़े सुरमा भी
सफलता पर करना अभिमान नहीं।।

जीवन चक्र चलता रहेगा
यहां कोई चीज अमर नहीं।।

जल से भरा है वह जगह
कल तक जो रेगिस्तान था।
महलों से घिरा है वह स्थान
कल तक जो कब्रिस्तान था।।

सुंदर चेहरे पर भी दाग बन जाते है
शक्ति और ताकत भी राख बन जाते हैं।
अपने-अपने क्षेत्र में अनुसंधान जारी रखना
संघर्ष से सोए किस्मत भी जाग जाते हैं।।

जीवन चक्र चलता रहेगा
यहां कोई चीज अमर नहीं।।

दौड़ में पीछे था जो कल..
आज वह आगे है।
देख पीछे राह में..
छोड़ जिसने भागा था।।

आहिस्ता–आहिस्ता जीवन चक्र
गोल–मटोल पलटी मारा ..
अब पीछे वाले आगे..और
आगे वाले पीछे है।।

जीवन चक्र चलता रहेगा
यहां कोई चीज अमर नहीं।।

जन्म से सफर शुरू होता
मंजिल मरण तक पहुंचना है।
कभी धूप कभी छांव
जीवन के हर इम्तिहान से गुजरना है।।

दृश्य जीवन चक्र का देख
दिल में जमा मवाद है।
कभी नीम कभी शहद
तीता–मीठा तेरा स्वाद है।।

जीवन चक्र चलता रहेगा
यहां कोई चीज अमर नहीं।।

अतुलनीय कलाकार

कहीं शिक्षक कहीं गुरु
कहीं अध्यापक कहलाए आप।।

खोज- खोज कर कमियों को बतानेवाले
नए-नए रहस्यों को सिखानेवाले
इधर-उधर भटकने से बचानेवाले
देश के अटल पहरेदार हैं आप।।

कहीं आचार्य कहीं उपाध्याय
कहीं प्रशिक्षक कहलाए आप।।

जात-पात का विरोध करनेवाले
अंधविश्वासों के जंजीरों को तोड़नेवाले
इंसानियत का पाठ पढ़ानेवाले
देश के वास्तविक सलाहकार है आप।।

कहीं मास्टर कहीं टीचर
कहीं प्रोफेसर कहलाए आप।।

स्नेह, प्रेम, अनुराग लुटाने वाले
गीली मिट्टी को नए आकार देनेवाले
नए रूप नए सांचे में ढालनेवाले
देश के उत्कृष्ट कुंभकार है आप।।

कहीं शिक्षणकर्ता कहीं पाठकर्ता
कहीं प्रवक्ता कहलाए आप।।

सब पर एक समान दृष्टि रखनेवाले
नन्हें-नन्हें पौधों को मजबूत वृक्ष बनानेवाले
पत्थरों को छेदकर सुंदर मूरत बनानेवाले
देश के उत्तम सृजनकार है आप।।

कहीं पंडित कहीं मार्गदर्शक
कहीं व्याख्याता कहलाए आप।।

घर- घर ज्ञानदीप जलानेवाले
अंधकार से प्रकाश की ओर ले जानेवाले
कल के भविष्य विकसित करनेवाले
देश के अतुलनीय कलाकार हैं आप।।

***

कृतज्ञता

मेरे सरल शब्दों को मान दिया है आपने
छुपे भावों को अर्थ देकर..
टूटे सपनों को उड़ान दिया है आपने।
एहसानमंद रहूंगा सदैव आपका..
मेरे बुझे अरमानों को जान दिया है आपने।।

"संगम"

समय जो रुकता नहीं

समय जो रुकता नहीं
कभी वो थकता नहीं।
जोर से उनको पकड़ो
दामन कभी न छोड़ो।।

पकड़ोगे तो बाबू कहलाओगे
छोड़ोगे तो रात–दिन पछताओगे।
चूसी हुई गन्ने की तरह
सड़क किनारे फेंके जाओगे।।

समय जो रुकता नहीं
कभी वो थकता नहीं।
बहाने मत बनाओ तुम
महत्त्व उनका समझो तुम।।

पर्वतों को राई बनाता
राई को बनाता पहाड़।
भीड़ को सन्नाटा बनाता
सन्नाटे को बनाता शहर।।

समय जो रुकता नहीं
कभी वो थकता नहीं।
जितना होता सबके पास
उतना है तुम्हारे पास।।

वीर, योद्धा, विजेता सबने
माना जादुई ताकत उनका।
समय पर समय को समझो
वरना नहीं रहोगे जग का।।

समय जो रुकता नहीं
कभी वो थकता नहीं।
मेहनती को देता सबकुछ
आलसियों को माफ करता नहीं।।

वीरों की है जीत
आलसियों की हार है।
वह कोई और नहीं
निरंतर चलनेवाला समय है।।

समय जो रुकता नहीं
कभी वह थकता नहीं।
खोजी की चलता नित्य नई खोज
तुम करते रहे हमेशा मौज।।

दूसरों की आलोचना में
बहुमूल्य समय बिताते हो।
ख्यालों का राजा बन तू
दिवास्वप्न देखते रहते हो।।

समय जो रुकता नहीं
कभी वो थकता नहीं।
चांद है चांदनी बिखेरता
सूरज नित्य सबको जगाता।।

घर–घर पवन सुगंध बांटता
पल भर करता आराम नहीं।
जागो, उठो और समय को पकड़ो
क्यों किए बिना हाथ मलते हो।।

समय जो रुकता नहीं
कभी वो थकता नहीं।

***

कविताओं की खेती

किसान हूं मैं
कविताओं की खेती करता हूं।

अंतर्मन को जोतकर
शब्दों को चुनता हूं।
दुःख,, दर्द,, को दरकिनार कर
विचारों को प्रकट करता हूं।।

किसान हूं मैं
कविताओं की खेती करता हूं।

शब्दों को बोकर
भावों को उपजाता हूं।
व्यस्त संसार से थोड़ा वक्त बचाकर
कुछ पंक्तियों को जोड़ता हूं।।

किसान हूं मैं
कविताओं की खेती करता हूं।

कोलाहल में संवेदना प्रकट कर
जलती ज्वाला में पानी डालता हूं।
एक,, एक,, शब्द सजाकर
अरमानों को सतरंगी बनाता हूं।।

किसान हूं मैं
कविताओं की खेती करता हूं।

अर्थ और भावों का घोल बनाकर
एक नया प्रयास करता हूं।
बुझे सपनों को सुलगाकर
आगे बढ़ने का तमन्ना जगाता हूं।।

किसान हूं मैं
कविताओं की खेती करता हूं।

सर्द और गर्म हवाओं का नब्ज टटोलकर
भावों को उजागर करता हूं।
सुख,, दुख,, के एहसासों को अनुभव बनाकर
ऊर्जा का संचार करता हूं।।

किसान हूं मैं
कविताओं की खेती करता हूं।

ज्ञान,, संदेश,, मनोरंजन,, को मकसद बनाकर
कुछ पदों का निर्माण करता हूं।
सपने और इरादों को रंग देकर
अपने लेखनी को रफ्तार देता हूं।।

किसान हूं मैं
कविताओं की खेती करता हूं।

***

आत्मजा

हे आत्मजा!!
आत्मा से जन्म लेकर
पिता बनने का सुख प्रदान की।
तू खुद को कमजोर मत समझ
तेरे कोमल कंधों पर
जिम्मेदारी होगी दो–दो परिवार की।

पिता की शान है..
मां का अरमान है..
तुम घर को प्रकाशित करने वाली तेज किरण है।।

तू नारी है.. पर लता नहीं।।
सहारा तुम बनना
सहारे की जरूरत तुम्हें नहीं,,
तू भी मेरा बेटा है..
शायद तुम्हें मालूम नहीं।।

तू आत्मनिर्भर बन,,
स्वाभिमान बचा रखना।
जीवन–पथ पर थक जाओ तो मुझे याद करना
अदृश्य शक्ति तुम्हें ताकत देगा
मेरे शब्द..तुम्हारे कानों में गूंजेगा..
बस..सत्य के मार्ग पर चलते रहना
तुम मेरी जान है..हमेशा याद रखना।।

तू पढ़ेगी..तू बढ़ेगी
पिता के विश्वास को जीतेगी।
छल-कपट से दूर रहना
विपत्ति की घड़ी में भी..
खुद पर भरोसा रखना
एक दिन अवश्य मेरे सपनों को पूरा करेगी।।

ईश्वर का दिया तोहफा है तुम।
माथे की पगड़ी..आश्चर्यजनक वरदान है तुम।।
दिल की धड़कन कह दूं..तो कम होगा
जीने की हार्दिक तमन्ना है तुम।।

कभी लाडो..कभी मिष्टी..पुकार है
हार नहीं देखने वाली..अपराजिता
साहसी बन..मेहनत कर..
ए निर्मल हृदय वाली मासूम नंदिनी
तुम अपने परिवार की संसार है।।

हे आत्मजा!!
आत्मा से जन्म लेकर
पिता बनने का सुख प्रदान की।।
तू खुद को कमजोर मत समझ।।

***

कलियुग के राम

आज..दशरथ के
घर अवतार लिया..
कलियुग के राम ।

परवरिश की जिम्मेदारियां..
शौक कम कर दिए
कौशल्या की ।

साल गुजरा..गुजरा दशक..
संसाधन जुटाने में
हत्या हुई अरमानों की ।

चिंता खुद की नहीं,
भविष्य के सपने..
बुने गए राम के ।

घर..पैसे..जोड़ने में,
सफेद बाल..मोटा चश्मा..
पहचान बना दशरथ के ।

आधुनिक शिक्षा का असर..
कुछ इस तरह दिखा,
कलियुग के राम पर ।

अच्छी जिंदगी की तलाश में,
बच्चे..पत्नी..संग
शहर पहुंचा..बहुमंजिला
मकान पर।

राम के आने की आस में,
कमजोर निगाहें..
टक-टक निहारे..
घर अयोध्या के।

फोन पर आवाज आई..
मां-पा अब..
हमसे नहीं होगा,
खोज लो ठिकाना..
वृद्धाश्रम का।

आज..दशरथ के घर
अवतार लिया..
कलियुग के राम।

बदली परंपरा..उसने
बेचा..घर-संसार,
ठिकाना..'वनवास'
बना डाला
'दशरथ' के।

****

कागज के फूल

खुशबू की चाहत..
कागज के फूलों से
ठीक नहीं!!

युग परिवर्तन ने
सीमा लांघ ली है..
मूढ़ समझना किसी को
ठीक नहीं!!

हो चुका है जीवन
पारदर्शी सबका..
ज्यादा दिखावा
ठीक नहीं!!

ज्ञान, बुद्धि और जीत
सबके पास है..
खुद को सुजान समझना
ठीक नहीं!!

मन के जीते जीत
मन के हारे हार..
यहां कोई सेर तो कोई
सवा सेर!!

मैं ही सिकंदर
मैं ही सबकुछ..
यह भ्रम पालना
ठीक नहीं!!

हे पथिक! धन, दौलत
छुपाकर ही रखो..
नजर लगते यहां
देर नहीं!!

खुशबू की चाहत..
कागज के फूलों से
ठीक नहीं!!

***

दुष्टावृत्ति

नहीं किसी का होता,,
सबका अपना दिखता..वह!
फितरत उनकी चालाकी,,
होठों पर मुस्कान रखता..वह!!

भाता नहीं सुख गैरों का,
तख्त पलटने का तरकीब ढूंढता..वह!
दु:ख की परवाह नहीं,
परहित पर जल जाता..वह!!

खुद की चिंता नहीं,
तांक-झांक करता..वह!
देख..अमन,, चैन,
करवट बदल-बदल रैन बिताता..वह!!

अस्त्र अपनापन उनका,
धोखे का कारोबार करता..वह!
स्वार्थ में अंधा इतना,
सबकी शांति भंग कर देता..वह!!

बदलाव उनमें कुछ नहीं,
संस्कार पर सवाल उठाता..वह!
ढूंढने की आवश्यकता नहीं,
हर गलियारा में मिल जाता..वह!!

दोहराता गलती बार–बार
पश्चाताप नहीं करता..वह!
नहीं किसी का होता,,
सबका अपना दिखता..वह!!

***

हालात

सुलगती आग.. जलती – ज्वाला..हालात मन का
धुआं रोकने का असफल प्रयास है।।
देख तेज अजनबियों के चेहरे का
खुद के कपोलों को थप्पड़ मारना बेकार है।।

दूर से दिखते लोग आनंद ही आनंद
कथाएं अंदर उनके भी बेशुमार है।।
होती परिस्थितियां सबकी अपनी – अपनी
समस्याएं सबके पास सौ – सौ..हजार.. है।।

"संगम"

पहली ध्वनि

दर्द में,, पीड़ा में,
रोग में,, चोट में,
मुंह से निकलने वाली
पहली ध्वनि हो तुम।।

आह!! सुनकर दौड़नेवाली
दर्द में सर सहलानेवाली
जख्म में मरहम लगाने वाली
हर हालत में साथ देनेवाली

झगड़ा में,, झंझट में,
दुःख में,, क्लेश में,
मुंह से निकलने वाली
पहली ध्वनि हो तुम।।

प्रथम गुरु हो तुम
पक्के मित्र हो तुम
प्राथमिक उपचार देनेवाली
चिकित्सक हो तुम।।
हर मुशिकलों से बचाने वाली
आंचल हो तुम।।

तुमने रचा है मुझे
सींचा है,, पाला है,
गीले बिस्तर में खुद सोकर
बीमार होने से मुझे बचानेवाली
महान जननी हो तुम।।

फायदे में,, नुकसान में,,
गिरने में,, संभलने में,,
मुंह से निकलने वाली
पहली ध्वनि हो तुम।।

बहाने बनाकर..
पिताजी के क्रोध से बचाने वाली
अन्य भाई-बहन से मांगकर
चॉकलेट दिलाने वाली

यमराज पर जीत हासिल
करने वाली योद्धा हो तुम।
मुंह से निकलने वाली
पहली ध्वनि हो तुम।।

प्रेम हो तुम पूजा हो तुम
त्याग और बलिदान की
अद्भुत मूरत हो तुम
सीधे शब्दों में कहूं.. तो..
मेरी मां हो तुम।।

भूख में,,   प्यासमें,,
शोक में ,, संताप में,,
मुंह से निकलने वाली
पहली ध्वनि हो तुम।।

***

हे नारी!!

हे नारी! तू महान है! तेरे रूप अनेक!

मां बनकर गर्भ में रखती
अनंत पीड़ा झेलकर जन्म देती
अमृत समान दूध पिलाकर पालती
रात-रात जग कर लोरिया सुनाती
पूजा-पाठ और कठिन उपवास करती।।

हे नारी! तू महान है! तेरे रूप अनेक!

बहन बनकर सच्ची मित्रता निभाती
रोती, झगड़ती, रूठती और मनाती
कलाई पर सुरक्षा कवच है बांधती
साथ खाती-पीती और साथ खेलती
भलाई हो भाई की ईश्वर से दुआ मांगती।।

हे नारी! तू महान है! तेरे रूप अनेक!

जीवनसाथी बनकर हर कदम साथ चलती
घर-गृहस्थी मिलकर साथ संभालती
सबकी देखभाल और सेवा करती
छोटी-बड़ी जिम्मेदारियों की भाव जगाती
नई संसार सजाकर स्नेह व प्यार लुटाती।।

हे नारी! तू महान है! तेरे रूप अनेक!

बेटी बनकर जीवन को गति देती
पापा सुनने का अनोखा सुकून प्रदान करती
घर–आंगन की शोभा में चार चांद लगाती
मान–सम्मान और हौसला बढ़ाती
सच्चे दिल से मां–बाप की सेवा करती।।

हे नारी! तू महान है! तेरे रूप अनेक!

हर काम को करके भी अबला कहलाती
पुलिस, शिक्षिका, डाक्टर बनकर काम करती
देश को संभालती अंतरिक्ष पर चढ़ती
सभी प्रथाओं को निभाकर आगे बढ़ती
चारदीवारी में रहकर भी सपने बुनती।।

हे नारी! तू महान है! तेरे रूप अनेक!

***

तू चल.. केवल चल..

ए मुसाफिर..तू चल.. केवल चल..

दु:ख की चिंता मत कर
राजा और रंक
दु:ख से अछूता नहीं कोई..
घबरा मत।।

सब्र का दामन दृढ़ता से पकड़
एक दिन सफलता निश्चित मिलेगी..
तू कर्म कर और आगे बढ़।।

ए मुसाफिर..तू चल.. केवल चल..

दु:ख का रोना मत रो
कुछ पाने के लिए
कुछ खोना पड़ता है..
खोखले आकर्षण में मत बह।।

सुख और दुख में समान चाल चल
तुझे नया इतिहास रचना है..
कर्म कर फल की चिंता मत कर।।

ए मुसाफिर..तू चल.. केवल चल..

किस्मत के भरोसे क्यों
व्यर्थ वक्त गंवाते हो
असफलता पर लकीरों को कोसते हो
किस्मत उनके भी होते जिनके हाथ नहीं होते।।

वक्त पर वक्त को पकड़
सपने देख..
कर्म कर और पूरे कर।।

ए मुसाफिर..तू चल.. केवल चल..

अतिउत्साह और हतोत्साह से बच
आलोचनाएं होगी अविश्वास भी होगा
अपने मंजिल को पाने के लिए अडिग रह
तू डगमगा मत।।

खुद पर भरोसा रख
फल तेरे हाथ में नहीं
कर्म कर.. अनवरत संघर्ष कर।।

ए मुसाफिर..तू चल.. केवल चल

***

उजड़ गया मेरा गांव

गांव के कोख में पल रहा शहर है।
अब..मेरा गांव न शुद्ध गांव रहा
न बन सका पूर्ण शहर है।।

उजड़ गया मेरा सुंदर–सा गांव
बिगड़ गई वहां की रीतियां
घर–घर नशा, मोबाईल,
मोटरसाइकिल का आक्रमण है
कलह से भरा शीत आंदोलन है
कहां से लाऊं वह गांव मैं
नस–नस में बसा जो गांव है।।

जहां खुशियों का खजाना था
घने बांस, जामुन का पेड़, आम का बगीचा था
बाढ़ में चारों तरफ पानी ही पानी था
मछुवारे के नावों का मैं दीवाना था
बस..वह एक प्यारा जमाना था
कहां से लाऊं वह गांव मैं
नस–नस में बसा जो गांव है।।

बैगन की खेत, तितलियों की झुंड
जितिया पर्व में जाट जाटिन खेल था
चमकती चांदनी रात में
कर्मा–धर्मा का अक्षत वाला प्रसाद था
कुरी, टेकोना और रसपुतीया का संगम था
यारों के साथ खेत –खलिहानों का सैर था

शादी-ब्याह में मंगल ही मंगल था।।

कहां से लाऊं वह गांव मैं
नस-नस में बसा जो गांव है।।

बदला गांव..बदले लोग..
यादों में है मां की हाथों से बनी छोटी मूढ़ी
वर्षों तक वंचित हूं इन स्वादों से
बोलने लगे अब बच्चे
गांव के नानी-दादी को अंधी बूढ़ी
भावनाओं से किसी को कोई सरोकार नहीं
अधकचढ़े आधुनिकता इस तरह हावी है।।

गांव के कोख में पल रहा शहर है।
अब..मेरा गांव न शुद्ध गांव रहा
न बन सका पूर्ण शहर है।।

परम्परा..संस्कृति..ने दम तोड़ दिया
बुजुर्गों के हुकूमत की नींव हिल गई
प्रथाएं खत्म हुई , अपनापन गायब है
नदियां सूखने लगी, जामुन का पेड़ कट गया
आम का बगीचा गांव बन गया
चारों तरफ ढाया कहर ही कहर है
गांव के कोख में पल रहा शहर है।।

कहां से लाऊं वह गांव मैं
नस-नस में बसा जो गांव है।।

***

हमारी नानी

हमारी नानी है चलती रेलगाड़ी
किस्सों की पोटली है उनकी सवारी।
तीखी, मीठी किस्से लिए कभी यहां कभी वहां
गांव का चक्कर लगाती वो सारी।।

सुबह से शाम तक चलते रहती है
हरेक स्टेशन में वो रुका करती है।
कभी डाकिया कभी मोबाइल
बन रोज काम करती है।।

कभी खेत कभी खलिहान में
पैदल वो चलती है।
ठंडी-गर्मी बरसात झेलकर
सबका भला करती है।।

मुखिया है वो महिला मंडली की
आस-पड़ोस उनसे सब डरा करती है।
बच्चे को डांटती पुचकारा भी करती है
सभी बड़े बूढ़ों से मीठी बातें करती है।।

जब वो पीड़ा में थक कर सो जाती है
गांव की गलियां सुनसान सी दिखती है।
जब कहीं शोर हो सुन दौड़ी आती है
सबकी बात सुन फिर फैसला सुनाती है।।

रोगी को देख जड़ी-बूटी बताती है
धनी हो या निर्धन सबकी खबर लेती है।
हमारी नानी है चलती रेलगाड़ी
किस्सों की पोटली है उनकी सवारी ।।

घड़ी बनकर वो इधर-उधर करती है
सूरज के जैसी वो समय की पाबंदी है।
सुख हो या दुख हो सबकी बहु-बेटों से
नई ऊर्जा के साथ रोज सुबह मिलती है ।।

हमारी नानी है चलती रेलगाड़ी
किस्सों की पोटली है उनकी सवारी।

***

युवा

मन रूपी पंछी को पिंजड़े में कैद कर
मिट्टी की सुगंध से खुद को बांधे रख
छोड़ मत आकर्षण में अपनों का दामन
ऋतु बदलेगी मौसम भी बदलेंगे
खराब मत कर अपना सुंदर सावन।।

दोस्ती कर पर परख बार–बार कर।

मन का ईलाज कर उम्र की ख्याल कर
बेशक आसमान में तेज उड़ान भर
पर धरती की दामन भी थामे रख
ख्यालों के घने जंगल से बाहर निकल
अपने अरमानों को भी जिंदा रख।।

दोस्ती कर पर परख बार–बार कर।

कलंकित इतिहास मिले हैं यौवन का
यहां–वहां बिखड़े टुकड़े मिले है भरोसे का
जीवन रूपी रथ अपनी रफ्तार से चलेगा
खत्म होगी बेकरारी पसंद नापसंद बनेगा
अपनों पर भी थोड़ा भरोसा रख।।

दोस्ती कर पर परख बार–बार कर।

कुछ पल के मिलन को तूने माना अपना
एक दिन साबित होगा तेरा झूठा सपना
आहिस्ता-आहिस्ता पराए हो जाओगे
दिखावा बन जाएगा दिल का रिश्ता
अपने बहके कदमों पर लगाम लगा।।

दोस्ती कर पर परख बार-बार कर।

कच्चे धागे से बना ये प्रेम का रिश्ता
सागर से गहरा पर्वत से ऊंचा कहलाता
कदम-कदम पर साथ देते हो उनका
सबको छोड़ हाथ पकड़ते हो जिनका
हाथ भीड़ में छूट सकता है सब्र कर।।

दोस्ती कर पर परख बार-बार कर।

***

जन-जन की मांग

आओ मिलकर साथ जगे
चांद-सूरज को नमस्कार करें
खुद जगकर दूसरे को जगाएं
जीवन में प्रकाश लाने का पहल करें।।

आओ मिलकर साथ उठें
कमजोर असहाय का हाथ पकड़े
बेसहारा का सहारा बनें
देश के उत्थान में हाथ बंटाएं।।

आओ मिलकर साथ चलें
कंटीली राहों को साफ करें
दबी आवाज को बुलंद करें
जन-जन की मांग पूर्ण करें।।

आओ मिलकर साथ बैठें
एकता, भाईचारा का पाठ पढ़ें
जीवन का अंधकार मिटाएं
अमीर-गरीब सबसे हाथ मिलाएं।।

आओ मिलकर साथ खाएं
व्याप्त भेदभाव नाश करें
हीनता, अधीनता, छुआछूत दूर करें
गरीबी और भुखमरी मिटाएं।।

आओ मिलकर साथ हंसे
समता का इतिहास रचें
राम–रहीम एक करें
अपना गौरव पेश करें।।

आओ मिलकर साथ पढ़ें
घर–घर ज्ञानदीप जलाएं
भ्रष्ट–विचार दूर करें
अपना–पराया एक करें।।

आओ मिलकर साथ सीखें
अनोखा प्यारा संसार रचे
जग की समस्याओं को समझें
जीवन को सरल बनाएं।।

आओ मिलकर साथ रहें
सुंदर उज्जवल सपने साकार करें
नई सुबह की शुरुआत करें
स्वस्थ समाज का निर्माण करें।।

***

राखी का त्योहार आया

याद करूं पुरानी बातें..
बहुत कुछ याद आती है!
बड़ी बहन.. छोटी बहन..
सबकी याद आती है!!

समय बदला..बदला उनका बसेरा !
पकड़ी सबने..अपना-अपना डेरा !!

राखी का त्योहार आया..
बड़ा उल्लास और प्यार आया!
भाइयों के घर-आंगन याद आया
लेकिन अब प्यार में कारोबार आया!!

याद करूं पुरानी बातें..
बहुत कुछ याद आती है!
बड़ी बहन.. छोटी बहन..
सबकी याद आती है!!

घर बटा.. संपत्ति बटी..
आंगन के साथ-साथ बहनें भी बटी !
कहती वो,,
बुरे वक्त पर देना साथ भैया..
धन दौलत नहीं, बस देना प्यार भैया !!

भाइयों का बचपन बीता मौज से
अब, चिंता होती इस बंधन की सोच से !
कभी खुश होता था..
कलाइयों की राखी गिन–गिन कर
अब देख बहनें को माथे से पसीना आया!!

राखी का त्योहार आया..
बड़ा उल्लास और प्यार आया!!

महक जाएगी बाबुल की बगिया
खिल उठेगा आज फिर सूनी गालियां!
छूटे गांव में आयेगी सबकी बहन–बेटियां..
खूब बातें करेंगी आपस में सखी सहेलियां!!

राखी का त्योहार आया..
बड़ा उल्लास और प्यार आया!!

याद करूं पुरानी बातें..
बहुत कुछ याद आती है!
बड़ी बहन.. छोटी बहन..
सबकी याद आती है!!

***

अनमोल-रिश्ते

जहां मिलन हो . .दो हस्ती का
वहां जन्म हो . .रिश्ता दोस्ती का।।

संबंध रक्त का नहीं

पर एहसास अपनापन का।

निहारे नहीं रंग-रूप तेरा

वक्त भी न मिला जाति, धर्म परीक्षण का।।

कभी कड़वा तो कभी मीठी बोल

मन की बातें बिना तौले बोल।

साथ हो तो बात-बात पर तकरार

दूर हो तो हृदय में उमड़े प्यार।।

दर्द भी तू दवा भी तू

आंसू पोछने का रुमाल भी तू।

जन्म तेरा शुद्ध भावों से

पद और ओहदा से भी बड़ा नहीं तू

फिर भी रिश्ता कमाल का तू।।

वफा का आस तू दगा का डर तू

जग के लिए कुछ हो

मेरे लिए अनमोल बंधन है तू।।

राज भी तू रहस्य भी तू
दुख-दर्द बांटने का मंत्र भी तू।
गैरों के लिए कुछ हो
मेरे लिए हृदय की व्यथा
दूर करने का यंत्र है तू।।

मस्ती भी तू मटरगश्ती भी तू
दिल को भाए..वो शख्स है तू।
दुनिया समझे तुझको बेगाने
मेरे लिए सबसे प्यारा हस्ती है तू।।

जहां मिलन हो .. दो हस्ती का
वहां जन्म हो ..रिश्ता दोस्ती का।।

***

प्रिय, जिंदगी..

ऐ जिंदगी..तू आसान नहीं!!

तुझे आसान बनाने के लिए
क्या–क्या नहीं किया??
गैरों को समझा,, खुद को समझाया,
रातों की नींद उड़ा दिया
और तूने मुझे तपती आग में
भून –भून कर जला दिया!!

ऐ जिंदगी..तू आसान नहीं!!

भूख और रोटी के लिए
घर–घर जाकर बच्चों को ट्यूशन पढ़ाया!
सुकून और शोहरत के लिए
मौज–मस्ती व बचपन का त्याग किया!!

कुछ इस तरह उलझा दिया
उम्र से पहले समझदार बना दिया!
न रुक सका..न बढ़ सका..
तूने मुझे जलती ज्वाला में
हंस–हंस कर गिरा दिया!!

ऐ जिंदगी..तू आसान नहीं!!

आगे बढ़ने की खबर तो मुझे मिली
पर रास्तों का अता-पता नहीं मिला!
इस भीड़ भरे संसार में तूने मुझे भुला दिया
हंसने-हंसाने का वास्ता देकर
ताउम्र रुला दिया!!

प्रिय जिंदगी,, तुझे क्या मालूम??
काबिलियत तो खूब दी
पर साक्ष्यों को मिटा दिया!
तूने ऐसा मोड़ ला दिया
कुछ.. बचाने के चक्कर में सबकुछ.. खो दिया!!

ऐ जिंदगी..तू आसान नहीं!!

***

बीते लम्हें खोई यादें

कुछ लम्हें..खोना नहीं चाहते
कुछ..पाना नहीं चाहते।
कुछ यादें..गुदगुदा देती है
कुछ..रूला देती है।।

जीवन झरना के तरह आगे बढ़ता है
कोई खोता है , कोई पाता है।
खुशी और गम के साथ
वक्त तेज रफ्तार से गुजरता है।।

वक्त-बेवक्त साथ रहनेवाले भी
यादों में डेरा बनाया है।
मिलने-मिलाने का सिलसिला
हर्ष और शोक का समारोह ने बचाया है।।

अभिमान का चला रिवाज है
हाल-चाल पहले कौन पूछे??
ये बना सवाल है??
कोई किसी से कम नहीं
आगे बढ़ने को लेकर बवाल है।।

बढ़ी सबकी अपनी-अपनी जिम्मेदारियां
जीवन सरल करने का होड़ है।
होंठों पर कृत्रिम मुस्कान
हृदय में वेदना का शोर है।।

बचपन बदला ..जवानी में ..
जवानी चली .. बुढ़ापा की ओर ..
छूटा हर प्यारा लम्हा ..
रिश्ते नाते भी हो गए कमजोर ।।

इच्छाएं ..अनंत है
मिलना-जुलना बंद है।
दिखता सभी ..
अपने आप में आनंद है।।

कुछ लम्हें ..खोना नहीं चाहते
कुछ ..पाना नहीं चाहते।
कुछ यादें ..गुदगुदा देती है
कुछ ..रुला देती है।।

***

निंदिया रानी

निंदिया रानी बड़ी सयानी
करती तू अपनी मनमानी है।।

कभी तुरंत कभी देर आती है
सबको अपना नखरा दिखाती है।
वृद्धों को रात-रात जगाती है
युवा को बैठे-बैठे सुला जाती है।।

रोज बच्चों को सताती है
किताबों के ऊपर ही सुला जाती है।
पाठ याद करते वक्त आकर
मां की डांट खिलाती है।।

जिसे जरूरत तेरी
वहां तुम कम आती है।
अस्वस्थ रोगी को
अपने नाम की गोली खिलाती है।।

निंदिया रानी बड़ी सयानी
करती तू अपनी मनमानी है।।

कोई तुम्हें भगाने के लिए
ठंडे पानी से आँखें धोती है।
कोई तुम्हें बुलाने के लिए
सुंदर गीत गाती है।।

ममता की सुरीली गीत तुझको भाती है
बाल-शिशु को तब अपनी आगोश में लेती है।
सताना छोड़ दे पीड़ितों को
पूरा कर दे सबकी जरूरतों को।

जहां जरूरत वहां तू आया कर
नित्य समय पर भाग जाया कर।
मत कर तू इतनी शैतानी
अच्छी नहीं तेरी ये नादानी है।।

निंदिया रानी बड़ी सयानी
करती तू अपनी मनमानी है।।

***

अटल सत्य

हे मृत्यु!! तेरी ही जीत है।

नए-पुराने..अपने-पराए.. सबकी
दर्दनाक भीड़ जमा करती हो।
कोमल हृदय..कठोर हृदय..सबको
खून के आंसू रुला देती हो।।

हे मृत्यु!! तेरी दृष्टि एक है।

अच्छा-बुरा.. अमीर-गरीब..
किसी को नहीं छोड़ती हो।
साधु-संत हो या मानव-दानव
सबको सजा दे जाती हो।।

हे मृत्यु!! तेरी हकीकत ऐसी है।

अटल सत्य कहलाती हो।
आखिरी मंजिल मानी जाती हो।
तेरे नाम को सुन, धड़कनें तेज हो जाती है।
निश्छल मन थर-थर कांप जाती है।।

हे मृत्यु!! तुमसे मेरा प्रश्न है??

क्यों तुम इतनी अशुभ हो?
काहे तुम सबका नसीब हो?
इतनी सच्ची गिनती किससे सीखी हो?
बिना बताए क्यों आ धमकती हो?

हे मृत्यु!! तुमसे मेरी विनती है।

सबको पता है तुम निश्चित आओगी
राजा..रंक..किसी को नहीं छोड़ेगी।
बेशक तेरा मन जब करे, तब आना
पर आने की तिथि जरूर बता देना।।

हे मृत्यु!!
क्षमा किसी को क्यों नहीं करती हो??

***

छुट्टी रविवार की

बड़ा लुभावना लगे
छुट्टी रविवार की।
कर्मपथ पर चलते-चलते
बीते दिन सप्ताह के
आशा जगाए..
शाम शनिवार की।।

बेसब्री भरे होती
छुट्टी रविवार की।
धुलाई..सफाई..
सुबह से शाम तक
मरम्मत होती..
भूले-बिसरे काम की।।

घड़ी दौड़ लगाए
खत्म हुआ पहर तेजी से।
हर दिन से छोटा लगे
छुट्टी रविवार की।।

बच्चे जिद् करे
शहर घुमाने की।
रोना रोए प्रिया
सिलेण्डर भरवाने की।।

मां की दवाई
पिता का चश्मा
निकले सूची
लंबी फरमान की।।

राशन नहीं रसोई में
सुस्ती लगे यात्रा बाजार की।
कभी शिक्षण..
कभी प्रशिक्षण..
मिलावट हुई
छुट्टी रविवार की।।

बढ़ती उधेड़बुन मे खत्म हुई..
छुट्टी रविवार की।।
नई ऊर्जा के साथ
सुबह हुई सोमवार की।।

***

तनुज

खुद से आगे देखे
आंखों का तारा समझे तुझको ।
तेरे जन्म के अवसर पर
खुशियां बांटा सबको ।

चांद-सूरज से तुलना करे
तरक्की तेरा भाता उनको ।
सुख, यश, कीर्ति भरा तेरा जीवन हो
पूर्ण आशा है उनको ।

डांटता है कभी-कभी पर कंधे में
बैठाकर पूरी दुनिया दिखाया तुझको ।
तेरे चोट से कलेजा फट जाता
पर प्यार जताने में झिझक होता उनको ।

तेरे दर्द में छुपकर रोते भी
पर आंसू दिखाने में एतराज है उनको ।
काम कुछ ऐसा करो
तेरे परवरिश पर गर्व हो उनको ।

पसीना बहाता धूप में
खिलौने, किताबें कम न पड़े तुमको ।
मुखाग्नि देना ही केवल फर्ज नहीं
बुढ़ापा में सहारा देना उनको ।

शक्ति को सभी सलाम करते
रोग, पीड़ित अवस्था में कंधा देना उनको ।

सहचरी

राम की सीता, श्याम की रुक्मणि
सहचरी और सहधर्मिणी कहलाती।
सावित्री बन सत्यवान की प्राण रक्षा कर
जीवन में अर्धांगिनी कहलाती।।

जीवन-रूपी रथ की दूसरी पहिया
वर-वधू से घर की शोभा है।
पति को परमेश्वर बनाकर पूजनेवाली
सूरज की प्यारी-सुनहरी आभा है।।

छोड़ बाबुल की बगिया, बचपन की प्यारी गालियां
रोते-रुलाते सुंदर सपने लिए आती बनकर दुल्हनियां।
नए घर, नए रिश्ते, नए फर्ज की शुरुआत करती
परिणय-सूत्र को मुकम्मल कर जीवनसंगिनी कहलाती।।

रूठती, मनाती, खुशी-खुशी
सुश्री से श्रीमती बन जाती।
खुद तप कर भिन्न-भिन्न व्यंजन बनाती
हर पहर पति के पसंद की ख्याल रखती।।

लंबी आयु हो जीवनसाथी के
तीज, कड़वाचौथ उपवास रखती।
हीर और लैला के प्रेम को मात देकर
आखिरी मित्र, गले की हार कहलाती।।

लोक, लाज, त्याग से व्यक्तित्व चमकानेवाली
चूड़ी, सिंदूर, मंगलसूत्र से संस्कृति बचाती।
पायल की झनकार से कानों को गीत सुनानेवाली
घर को बरक्कत देनेवाली गृहलक्ष्मी कहलाती।।

यंत्र से कम नहीं बिना थके दिन भर चलती
भत्ता और वेतन बिन शिद्दत से कर्म करती।
त्योहार और छुट्टी में जिम्मेदारियां बढ़ जाती
दस्तूर दुनिया की निभाकर घर की मालकिन कहलाती।।

कुछ टूटे रिश्तों की गाथा इनकी महिमा पर ऊंगली उठाती
कोई पति को परमेश्वर तो कोई बेचारा बना देती।
अग्निपरीक्षा से गुजरनेवाली नारी के इस वतन में
सूरत से नहीं सीरत से संगिनी या सहचरी कहलाती।।

***

टेकोना के पार

टेकोना के पार संग मेरे यार
माघ के पूर्णिमा में जाना है
नदी दिखती संकड़ी , छोटी
इतिहास उसका पुराना है।।

दादा-दादी के मुख से
उनकी महिमा की सुनी कहानी है
नहाते गाय-बैल संग चरवाहे
सबने पीया स्वच्छ निर्मल पानी है।

पेड़ों की सिंचाई खेतों की जुताई
सब पीते ठंडा पानी है
पुरखों से तरंग फैलाएं बहती
नदी बड़ी वह दानी है।।

हंसों के झुण्ड को तैरते देखा
बगुले रोज विचरण करता है
मछलियां रात-दिन करती अठखेलियां
कुछ लोगों को रोजगार मिलता है।

हास्य-हास्य में बना धर्म का स्थल
ढो-ढो के ले जाते उनका शीतल जल
पुत्र-पुत्री, सुख- संपति की चाहत
पूरा कर बना मेला का पावन स्थल।

क्षेत्रीय नदी टेकोना है हमारी
सुरक्षा की सबने ठानी है
आस्था और शक्ति की है मेला
प्रकृति की इस धरोहर को बचानी है।

रोकना है नदी को नाला हो जाने से
मल–मूत्र फेंकने और गंदे वस्त्र धोने से
जल–जीवन के आवास को बचाना है
हर साल माघ के पूर्णिमा में जाना है।

टेकोना के पार संग मेरे यार
माघ के पूर्णिमा में जाना है
नदी दिखती संकड़ी छोटी
इतिहास उसका पुराना है।

***

उम्र

फिक्र-सी होने लगी है
बंद मुट्ठी ढीली पड़ी है..
सूखी रेत की तरह उम्र
तेजी से फिसलने लगी है।।

सूरज ढलने का अंदेशा है
लालिमा छाने लगी है..
मंद-मंद वातावरण शांत होने लगा
पंछी घोंसला पकड़ने लगी है।।

शक्ति क्षीण होने लगी है
सामर्थ्य छूटने लगा है..
गुजरते वक्त में वास्तविक उम्र
झुलसते चेहरे पर दिखने लगी है।।

घर..बेघर होने लगा
अनंत सफर बाकी है..
गम का समुद्र सुनामी लाया
रुआंसी मुस्कान दिखने लगी है।।

चीख पुकार बंद है
दिए का तेल खत्म होने लगा है..
रसोई सूना पड़ा है
मेवे का स्वाद कम होने लगा है।।

***

बदलता समाज

टूट गई वह जंजीर
जो हमें रिश्तों में बांधे रखी थी
सही-गलत में फर्क बताकर
जीने का सही मायने बता रखी थी।।

धूमिल हो गया वह दर्पण
जो हमें पूर्वजों से मिलाया था
अपने-पराए का पहचान करवाकर
खुद में झांकने का अवसर दे रखा था।।

बिखर गया वह समूह
जो जीवित रहने में मदद किया था
जीवन की गुणवत्ता को सुधारकर
आगे बढ़ने का मौका दे रखा था।।

खो गई वह टोली
जो एकता का ताकत दिखाई थी
होली, दिवाली, ईद साथ मनाकर
सबको सामाजिक सुरक्षा दे रखी थी।।

बंद हो गई वह पाठशाला
जो सभ्यता, संस्कृति का ज्ञान दे रखी थी
सबके अधिकारों का वर्गीकरण कर
जीने की आजादी दे रखी थी।।

हीन हो गया वह बल
जो एक-दूसरे के सहयोगी बनाया था
जीवन के सुख-दुख को झेलकर
कार्य करने का जज्बा दे रखा था।।

बदलते समय ने उस समाज को बदल डाला
एकता बिखड़ गई, दर्पण धुंधला गया
ईर्ष्या, द्वेष, कलह का बोलबाला है
नकारात्मक शक्ति हर दिशा में फैली हुई है।।

बढ़ते प्रदूषण के इस दौड़ में
वह समाज भी अछूता नहीं रहा
भरोसा खोखला हो गया
ईमानदारी दूषित हो गई है।।

समाज का भय लोगों को था कल
आज समाज लोगों से भयभीत है
बिखरते समाज में पंच परमेश्वर खो गया
लघु मुद्दों पर कचहरी का चक्कर लगने लगा है।।

समूह अलग हुए, बल टूट गया
रहने लगे लोग अपने-अपने लक्ष्मण रेखा के अंदर
खुद रोना..खुद कब्र खोदना..हाल है
भावी पीढ़ी के भविष्य पर बना सवाल है।।

***

9 789348 332189